国学经典诵读丛书

于向英 主编

弟子规 声律启蒙

中国书籍出版社

图书在版编目（CIP）数据

国学经典诵读丛书 / 于向英主编 ． -- 北京 ：中国书籍出版社，2015.4
ISBN 978-7-5068-4831-2

Ⅰ．①国… Ⅱ．①于… Ⅲ．①国学—儿童读物 Ⅳ．① Z126-49

中国版本图书馆 CIP 数据核字（2015）第 061210 号

国学经典诵读丛书

于向英　主编

责任编辑／庞　元　钱　浩
责任印制／孙马飞　马　芝
封面设计／岳霄峰
出版发行／中国书籍出版社
　　　　　地　　　址：北京市丰台区三路居路 97 号（邮编：100073）
　　　　　电　　　话：(010)52257143（总编室）　　(010)52257140（发行部）
　　　　　电子邮箱：chinabp@vip.sina.com
经　　销／全国新华书店
印　　刷／北京成业恒信印刷有限公司
开　　本／787 毫米 ×1092 毫米　　1/16
印　　张／41
字　　数／138 千字
版　　次／2015 年 8 月第 1 版　　2015 年 8 月第 1 次印刷
书　　号／ISBN 978-7-5068-4831-2
定　　价／486.00 元（全四册）

序

從上世紀末至本世紀初所出現的『國學熱』，至今尚不足二十年，但國學的推廣、傳播和學習，却在中國大地上方興未艾。如今更已從學者的書齋中解放出來，康莊地走向企業、工廠、部隊，乃至中小學和幼兒園。人們在社會生活實踐中已充分認識到，國學或中國傳統文化對現代中國人的重要意義：無論是工人、農民，還是國家幹部；也無論是青年人、老年人，抑或幼兒園的孩子，可謂不分職業、男女、老幼，所有人都需要提高自己的文化素質、道德修養、精神境界和思

想認識能力，否則就跟不上時代的迅猛發展，也不能完成中華民族偉大復興的宏圖大業。

現在，很多人都在思考如何擺脫由于功利主義、物質主義、拜金主義及工具理性膨脹所造成的精神焦慮和思想狂躁，中國要走出人類共同面對的道德危機和思想困境，似乎沒有捷徑。因為精神成長和靈魂淨化，不是一朝一夕可以完成的，即古人所謂『冰凍三尺，非一日之寒』，故須『十年樹木，百年樹人』，衹有從每個人開始，甚至從娃娃抓起，并持之以恒，這種危機和困境方可在長久的文化熏陶和思想漫潤

中得到救贖。如果沒有全民性，精神家園的修復也祇能是空談而已。

孔子曾感嘆地說：「德之不修，學之不講，聞義不能徙，不善不能改，是吾憂也。」不修養自己的品行德性，不講習學問，聽到符合正義的言論不能踐行，自己有缺點不能及時改正，這怎麼能不讓人感到憂慮呢？孟子也曾有這樣的感嘆，他說：「自暴者，不可與有言也；自棄者，不可與有為也。言非禮義，謂之自暴也；吾身不能居仁由義，謂之自棄也。仁，人之安宅也；義，人之正路也。曠安宅而弗居，捨正路而不由，

哀哉！」孟子認爲，對于那些在道德上自暴自弃的人，無法和他談論有意義的思想，也不能和他一起做出有價值的事業。

什麼是『自暴』呢？一張口說話就違背禮義即是『自暴』，這叫自己殘害自己；自己不認爲能以仁居心、能由義而行，即是『自弃』，這就叫自己抛弃自己。仁是人類最安適的住宅，義是人類最正確的道路。把最安適的住宅空着不去住，把最正確的道路捨弃不去走，這不是人類最大的悲哀嗎？

一個人的學習或接受教育，乃是貫穿其一生的精神活動，其不可少亦不可間斷。《顏氏家訓》記有胎教之法：懷

子三月，出居別宮，目不邪視，耳不妄聽，音聲滋味，以禮節之。生子孩提，師保固明孝仁禮義，導習之而使知正。當及嬰兒，識人顏色，知人喜怒，便加教誨。常見世間無教而有愛，飲食運爲，恣其所欲，宜誡反獎，應訶反笑，至有識知，謂法當爾。驕慢已習，方復制之，捶撻死而無威，忿怒日隆而增怨，

逮于成長，終爲敗德。可見，從胎教到嬰兒出生，乃至成童，始終要有養成教育。可以説，這是最具基礎性的人性培養。

因爲父母、家庭乃至社會，不僅應該是幼兒成長的搖籃，同時也是造就人性善惡的第一撮土壤。惻隱之心（同情心、憐憫

心），乃至豺狼虎豹之性等等，幾乎都是在這最初的土壤中生根發芽的。

在古代教育中，幼兒之後，又有小學、大學之教。一般講，八歲入小學，十五歲入大學。名儒陳璇在其《小學句讀序》中說：『聖人之道，人倫而已，學之必自小學始。』大學之書，始自孔子，立言重教，有三綱領、八條目，程氏以為入德之門。而小學自秦火後失傳，其教散見于傳記。至朱熹，輯《小學》一書，其宗旨亦在明人倫、持敬身之教。可見，從胎教到小學、大學之教，或從幼兒到少年、青年之學，正是一個

人生命成長的關鍵時期，其學習活動一直貫穿始終，甚至一直到三十而立，乃至老之將至或耄耋之年，學習都是伴人一生而不可須臾離開的東西。它既是人生的清洗劑，可以不斷地洗去頭腦中的『塵埃』『污垢』；同時，它也是生命歷程中的一盞明燈，可以照亮前行的道路，點亮人生的智慧。故荀子曰：『學不可以已……君子博學而三省乎己，則知明而行無過矣。』

于向英女士是一位令人尊敬的幼兒園園長，在其二十年的幼教崗位上，一直關心國家的幼兒教育事業和孩子們的心

智涵養及精神發展。多年來，她一直探索適合孩子們的國學讀本，并身體力行，在北大國學班學習國學經典、汲取其精華、體會其精神的基礎上，編纂了一套適合幼兒及其家長的「國學經典誦讀」叢書。其對經典的選擇，祇是一次初步嘗試，因中國傳統文化不僅內容繁多、體系龐大，源遠流長，而且字義古奧，意蘊深邃，需家長、教師與孩子們共學，方能有所收獲。故此套叢書其用在啟蒙、其義在涵養，期翼有助于兒童成長和國家興旺。以上無可稱序，絮言而已。

李中華 二〇一四年冬于北京大學

誦讀經典開拓心胸之志趣義理之學培養中華之儀禮

《教子要言》云：家欲興，必由家規始；家欲敗，必由家規頹廢始。欲子弟成人，須從自己所作所為，有法有則，能為子弟作榜樣始。《弟子規》及國學經典，無疑就是這個規，就是這個法。對幼兒來說，無疑是最基礎、最營養的需要。

二〇〇六年，母親將一本《弟子規》遞到我手上，說：「讓你們的孩子讀讀《弟子規》吧！」近幾年，國內的幼兒園陸續為幼兒開設了國學誦讀課。我作為從業二十年並曾在

北大哲學系學習國學的幼兒園園長,更深知國學經典誦讀對于幼兒教育的重要性,故一直在思考和探索國學誦讀的方法和途徑。

當我開始四處搜集比較適合孩子國學閱讀的版本時,發現市面上既適合孩子閱讀又能還原經典本質的圖書非常少:有的是大字版,但沒有注音;有的是大字注音版,但是却按照現代閱讀方式橫排版的;有的是純粹按照古代豎排設計,但却沒有注音,字號也不夠大,學起來不太方便。能不能還原國學經典本身樣式,設計出專爲幼兒國學教育之用的版

經過多次的版本比較、調研和徵求意見之後，我們盧溝

橋街道第二幼兒園開發設計了這套特殊的國學經典版本。

首先是還原經典版本的原貌，采用繁體字豎排版，并且

可以自由翻卷，握在手裏，從右向左翻看，讓閱讀者更直觀地

感受、體味古人閱讀的姿態，有返古之感。

其次是滿足閱讀經典的現實需要，由于繁體字閱讀有一

定難度，設計成大字版并且加上注音，減少了查詞環節，讓教

學者和學習者的閱讀都輕鬆了不少。

也有人建議，此類圖書應該加上注釋，但我們考慮還是不加。一是為保持圖書的原貌，二是注解各有不同，與注解者的年齡、角色和當時心境有很大關係。三是兒童還沒有理解能力。『書讀百遍，其義自現。』兒童本是樂于念誦樂于反復的，尤其是團體的朗誦，抑揚頓挫、琅琅書聲，與唱兒歌無异，學習是愉快的。而反復多次，即能背誦，會背誦時，更是『樂之不疲』。若常加復習，以至于終生不忘，將成為一生的文化資產。

讀誦經典，還可有『潛能開發』之功效：既可以提升兒

童的專注力，可以提升兒童的記憶力。而專注力與記憶力，可以說是一切學習的基礎。

雖然這套書初衷是爲兒童設計，但後來我們發現，它同樣適用于成年人。七十年代至九十年代出生的成年人，在幼兒園、校園鮮有機會系統學習國學經典，祇能靠後期學習，所以對他們來說，這個版本也是非常合適的。

儘管我們在版本開發和國學誦讀方面開展了一些實踐探索，取得了一些成績，但由于現實社會的功利和浮躁，未來的路還很長，我們也希望與更多的國學誦讀推動者一起，爲

經典傳播、滋養身心做出不懈的努力。

這套書的出版感謝樓宇烈老先生的指點，感謝中國新聞

出版研究院林曉芳女士的大力支持，感謝廣州萬木書院千荷

女士的建議，及中國書籍出版社編輯的督促，在此一并表示

感謝。

是爲序。

于向英字若或癸巳年仲秋

目録

十五 shí 五 wǔ 刪 shān	十四 shí 四 sì 寒 hán	十三 shí 三 sān 元 yuán	十二 shí 二 èr 文 wén	十一 shí 一 yī 眞 zhēn	十 shí 灰 huī	九 jiǔ 佳 jiā	八 bā 齊 qí	七 qī 虞 yú
四六	四四	四二	四〇	三八	三六	三四	三二	二九

八 bā 庚 gēng	七 qī 陽 yáng	六 liù 麻 má	五 wǔ 歌 gē	四 sì 豪 háo	三 sān 肴 yáo	二 èr 蕭 xiāo	一 yī 先 xiān	下 xià **平** píng **聲** shēng
六 五	六 四	六 一	五 九	五 八	五 五	五 三	五 一	

十五 shí 五 wǔ 咸 xián	十四 shí 四 sì 鹽 yán	十三 shí 三 sān 覃 tán	十二 shí 二 èr 侵 qīn	十一 shí 一 yī 尤 yóu	十 shí 蒸 zhēng	九 jiǔ 青 qīng
八〇	七八	七六	七四	七二	七〇	六九

第
dì

子
zǐ

規
guī

事 shì 雖 suī 小 xiǎo	出 chū 必 bì 告 gào	冬 dōng 則 zé 溫 wēn	父 fù 母 mǔ 教 jiào	父 fù 母 mǔ 呼 hū	入 rù 則 zé 孝 xiào	泛 fàn 愛 ài 衆 zhòng	弟 dì 子 zǐ 規 guī	總 zǒng 序 xù
勿 wù 擅 shàn 爲 wéi	反 fǎn 必 bì 面 miàn	夏 xià 則 zé 清 qìng	須 xū 敬 jìng 聽 tīng	應 yìng 勿 wù 緩 huǎn		而 ér 親 qīn 仁 rén	聖 shèng 人 rén 訓 xùn	
苟 gǒu 擅 shàn 爲 wéi	居 jū 有 yǒu 常 cháng	晨 chén 則 zé 省 xǐng	父 fù 母 mǔ 責 zé	父 fù 母 mǔ 命 mìng		有 yǒu 餘 yú 力 lì	首 shǒu 孝 xiào 弟 tì	
子 zǐ 道 dào 虧 kuī	業 yè 無 wú 變 biàn	昏 hūn 則 zé 定 dìng	須 xū 順 shùn 承 chéng	行 xíng 勿 wù 懶 lǎn		則 zé 學 xué 文 wén	次 cì 謹 jǐn 信 xìn	

喪 sāng	喪 sāng	親 qīn	諫 jiàn	親 qīn	親 qīn	身 shēn	親 qīn	物 wù
盡 jìn	三 sān	有 yǒu	不 bú	有 yǒu	愛 ài	有 yǒu	所 suǒ	雖 suī
禮 lǐ	年 nián	疾 jí	入 rù	過 guò	我 wǒ	傷 shāng	好 hào	小 xiǎo
祭 jì	常 cháng	藥 yào	悅 yuè	諫 jiàn	孝 xiào	貽 yí	力 lì	勿 wù
盡 jìn	悲 bēi	先 xiān	復 fù	使 shǐ	何 hé	親 qīn	為 wèi	私 sī
誠 chéng	咽 yè	嘗 cháng	諫 jiàn	更 gēng	難 nán	憂 yōu	具 jù	藏 cáng
事 shì	居 jū	晝 zhòu	號 háo	怡 yí	親 qīn	德 dé	親 qīn	苟 gǒu
死 sǐ	處 chù	夜 yè	泣 qì	吾 wú	憎 zēng	有 yǒu	所 suǒ	私 sī
者 zhě	變 biàn	待 shì	隨 suí	色 sè	我 wǒ	傷 shāng	惡 wù	藏 cáng
如 rú	酒 jiǔ	不 bù	撻 tà	柔 róu	孝 xiào	貽 yí	謹 jǐn	親 qīn
事 shì	肉 ròu	離 lí	無 wú	吾 wú	方 fāng	親 qīn	為 wèi	心 xīn
生 shēng	絕 jué	床 chuáng	怨 yuàn	聲 shēng	賢 xián	羞 xiū	去 qù	傷 shāng

| 長者立
zhǎng zhě lì
幼勿坐
yòu wù zuò
長者坐
zhǎng zhě zuò
命乃坐
mìng nǎi zuò | 騎下馬
qí xià mǎ
乘下車
chéng xià chē
過猶待
guò yóu dài
百步餘
bǎi bù yú | 路遇長
lù yù zhǎng
疾趨揖
jí qū yī
長無言
zhǎng wú yán
退恭立
tuì gōng lì | 稱尊長
chēng zūn zhǎng
勿呼名
wù hū míng
對尊長
duì zūn zhǎng
勿見能
wù xiàn néng | 長呼人
zhǎng hū rén
即代叫
jí dài jiào
人不在
rén bú zài
己即到
jǐ jí dào | 或飲食
huò yǐn shí
或坐走
huò zuò zǒu
長者先
zhǎng zhě xiān
幼者後
yòu zhě hòu | 財物輕
cái wù qīng
怨何生
yuàn hé shēng
言語忍
yán yǔ rěn
忿自泯
fèn zì mǐn | 兄道友
xiōng dào yǒu
弟道恭
dì dào gōng
兄弟睦
xiōng dì mù
孝在中
xiào zài zhōng | 出則弟
chū zé tì |

尊長前　聲要低　低不聞　卻非宜
zūn zhǎng qián　shēng yào dī　dī bù wén　què fēi yí

進必趨　退必遲　問起對　視勿移
jìn bì qū　tuì bì chí　wèn qǐ duì　shì wù yí

事諸父　如事父　事諸兄　如事兄
shì zhū fù　rú shì fù　shì zhū xiōng　rú shì xiōng

謹 jǐn

朝起早　夜眠遲　老易至　惜此時
zhāo qǐ zǎo　yè mián chí　lǎo yì zhì　xī cǐ shí

晨必盥　兼漱口　便溺回　輒淨手
chén bì guàn　jiān shù kǒu　biàn nì huí　zhé jìng shǒu

冠必正　紐必結　襪與履　俱緊切
guān bì zhèng　niǔ bì jié　wà yǔ lǚ　jù jǐn qiè

置冠服　有定位　勿亂頓　致污穢
zhì guān fú　yǒu dìng wèi　wù luàn dùn　zhì wū huì

衣貴潔　不貴華　上循分　下稱家
yī guì jié　bú guì huá　shàng xún fèn　xià chèn jiā

將 jiāng	鬥 dòu	事 shì	執 zhí	緩 huǎn	勿 wù	步 bù	年 nián	對 duì
入 rù	鬧 nào	勿 wù	虛 xū	揭 jiē	踐 jiàn	從 cóng	方 fāng	飲 yǐn
門 mén	場 chǎng	忙 máng	器 qì	簾 lián	閾 yù	容 róng	少 shào	食 shí
問 wèn	絕 jué	忙 máng	如 rú	勿 wù	勿 wù	立 lì	勿 wù	勿 wù
孰 shú	勿 wù	多 duō	執 zhí	有 yǒu	跛 bǒ	端 duān	飲 yǐn	揀 jiǎn
存 cún	近 jìn	錯 cuò	盈 yíng	聲 shēng	倚 yǐ	正 zhèng	酒 jiǔ	擇 zé
將 jiāng	邪 xié	勿 wù	入 rù	寬 kuān	勿 wù	揖 yī	飲 yǐn	食 shí
上 shàng	僻 pì	畏 wèi	虛 xū	轉 zhuǎn	箕 jī	深 shēn	酒 jiǔ	適 shì
堂 táng	事 shì	難 nán	室 shì	彎 wān	踞 jù	圓 yuán	醉 zuì	可 kě
聲 shēng	絕 jué	勿 wù	如 rú	勿 wù	勿 wù	拜 bài	最 zuì	勿 wù
必 bì	勿 wù	輕 qīng	有 yǒu	觸 chù	搖 yáo	恭 gōng	為 wéi	過 guò
揚 yáng	問 wèn	略 lüè	人 rén	棱 léng	髀 bì	敬 jìng	醜 chǒu	則 zé

信 xìn

人問誰　對以名　吾與我　不分明
rén wèn shuí　duì yǐ míng　wú yǔ wǒ　bù fēn míng

用人物　須明求　倘不問　即為偷
yòng rén wù　xū míng qiú　tǎng bú wèn　jí wéi tōu

借人物　及時還　後有急　借不難
jiè rén wù　jí shí huán　hòu yǒu jí　jiè bù nán

凡出言　信為先　詐與妄　奚可焉
fán chū yán　xìn wéi xiān　zhà yǔ wàng　xī kě yān

話說多　不如少　惟其是　勿佞巧
huà shuō duō　bù rú shǎo　wéi qí shì　wù nìng qiǎo

奸巧語　穢污詞　市井氣　切戒之
jiān qiǎo yǔ　huì wū cí　shì jǐng qì　qiè jiè zhī

見未真　勿輕言　知未的　勿輕傳
jiàn wèi zhēn　wù qīng yán　zhī wèi dí　wù qīng chuán

事非宜　勿輕諾　苟輕諾　進退錯
shì fēi yí　wù qīng nuò　gǒu qīng nuò　jìn tuì cuò

凡道字　重且舒　勿急疾　勿模糊

彼說長　此說短　不關己　莫閒管

見人善　即思齊　縱去遠　以漸躋

見人惡　即內省　有則改　無加警

唯德學　唯才藝　不如人　當自礪

若衣服　若飲食　不如人　勿生戚

聞過怒　聞譽樂　損友來　益友卻

聞譽恐　聞過欣　直諒士　漸相親

無心非　名為錯　有心非　名為惡

泛愛衆
fàn ài zhòng

凡是人
皆須愛
天同覆
地同載

行高者
名自高
人所重
非貌高

才大者
望自大
人所服
非言大

已有能
勿自私
人所能
勿輕訾

勿諂富
勿驕貧
勿厭故
勿喜新

人不閑
勿事攪
人不安
勿話擾

人有短
切莫揭
人有私
切莫說

道人善　即是善　人知之　愈思勉

揚人惡　即是惡　疾之甚　禍且作

善相勸　德皆建　過不規　道兩虧

凡取與　貴分曉　與宜多　取宜少

將加人　先問己　己不欲　即速已

恩欲報　怨欲忘　報怨短　報恩長

待婢僕　身貴端　雖貴端　慈而寬

勢服人　心不然　理服人　方無言

親 qīn 仁 rén

同 tóng 是 shì 人 rén 類 lèi 不 bù 齊 qí 流 liú 俗 sú 眾 zhòng 仁 rén 者 zhě 稀 xī

果 guǒ 仁 rén 者 zhě 人 rén 多 duō 畏 wèi 言 yán 不 bú 諱 huì 色 sè 不 bú 媚 mèi

能 néng 親 qīn 仁 rén 無 wú 限 xiàn 好 hǎo 德 dé 日 rì 進 jìn 過 guò 日 rì 少 shǎo

不 bù 親 qīn 仁 rén 無 wú 限 xiàn 害 hài 小 xiǎo 人 rén 進 jìn 百 bǎi 事 shì 壞 huài

余 yú 力 lì 學 xué 文 wén

不 bú 力 lì 行 xíng 但 dàn 學 xué 文 wén 長 zhǎng 浮 fú 華 huá 成 chéng 何 hé 人 rén

但 dàn 力 lì 行 xíng 不 bù 學 xué 文 wén 任 rèn 己 jǐ 見 jiàn 昧 mèi 理 lǐ 真 zhēn

讀 dú 書 shū 法 fǎ 有 yǒu 三 sān 到 dào 心 xīn 眼 yǎn 口 kǒu 信 xìn 皆 jiē 要 yào

非聖書　屏勿視　敝聰明　壞心志

勿自暴　勿自弃　聖與賢　可馴致

雖有急　卷束齊　有缺壞　就補之

列典籍　有定處　讀看畢　還原處

墨磨偏　心不端　字不敬　心先病

房室清　墻壁淨　几案潔　筆硯正

心有疑　隨札記　就人問　求確義

寬爲限　緊用功　工夫到　滯塞通

方讀此　勿慕彼　此未終　彼勿起

聲 shēng
律 lǜ
啓 qǐ
蒙 méng
·
上 shàng
平 píng
聲 shēng

一　yī

東　dōng

雲 yún 對 duì 雨 yǔ，雪 xuě 對 duì 風 fēng，晚 wǎn 照 zhào 對 duì 晴 qíng 空 kōng。來 lái

鴻 hóng 對 duì 去 qù 燕 yàn，宿 sù 鳥 niǎo 對 duì 鳴 míng 蟲 chóng。三 sān 尺 chǐ 劍 jiàn，六 liù 鈞 jūn

弓 gōng，嶺 lǐng 北 běi 對 duì 江 jiāng 東 dōng。人 rén 間 jiān 清 qīng 暑 shǔ 殿 diàn，天 tiān 上 shàng 廣 guǎng

寒 hán 宮 gōng。兩 liǎng 岸 àn 曉 xiǎo 烟 yān 楊 yáng 柳 liǔ 綠 lǜ，一 yì 園 yuán 春 chūn 色 sè 杏 xìng

花 huā 紅 hóng。兩 liǎng 鬢 bìn 風 fēng 霜 shuāng，途 tú 次 cì 早 zǎo 行 xíng 之 zhī 客 kè；一 yì

蓑 suō 烟 yān 雨 yǔ，溪 xī 邊 biān 晚 wǎn 釣 diào 之 zhī 翁 wēng。

沿 yán 對 duì 革 gé，異 yì 對 duì 同 tóng，白 bái 叟 sǒu 對 duì 黃 huáng 童 tóng。江 jiāng

風 fēng 對 duì 海 hǎi 霧 wù，牧 mù 子 zǐ 對 duì 漁 yú 翁 wēng。顏 yán 巷 xiàng 陋 lòu，阮 ruǎn 途 tú

窮，冀北對遼東。池中濯足水，門外打頭風。梁帝講經同泰寺，漢皇置酒未央宮。塵慮縈心，懶撫七弦綠綺；霜華滿鬢，羞看百煉青銅。

貧對富，塞對通，野叟對溪童。鬢皤對眉綠，齒皓對唇紅。天浩浩，日融融，佩劍對彎弓。半溪流水綠，千樹落花紅。野渡燕穿楊柳雨，芳池魚戲芰荷風。女子眉纖，額下現一彎新

月 yuè；
男兒氣壯，胸中吐萬丈長虹。

春對夏，秋對冬，暮鼓對晨鐘。觀

山對玩水，綠竹對蒼松。馮婦虎，葉公

龍，舞蝶對鳴蛩。銜泥雙紫燕，課蜜

幾黃蜂。春日園中鶯恰恰，秋天寒外

雁雍雍。秦嶺雲橫，迢遞八千遠路；巫

山雨洗，嵯峨十二危峰。

明對暗，淡對濃，上智對中庸。鏡

◎◎一九◎◎

奩對衣笥，野杵對村春。花灼爍，草

蒙茸，九夏對三冬。臺高名戲馬，齋

小號蟠龍。手擘蟹螯從畢卓，身披鶴

氅自王恭。五老峰高，秀插雲霄如玉

筆；三姑石大，響傳風雨若金鏞。

仁對義，讓對恭，禹舜對義農。雪

花對雲葉，芍藥對芙蓉。陳後主，漢

中宗，繡虎對雕龍。柳塘風淡淡，花

圃月濃濃。春日正宜朝看蝶，秋風那

更夜聞蛩。戰士邀功，必借干戈成勇

武；逸民適志，須憑詩酒養疏慵。

三江

樓對閣，户對窗，巨海對長江。蓉

裳對蕙帳，玉斝對銀釭。青布幔，碧

油幢，寶劍對金缸。忠心安社稷，利

口覆家邦。世祖中興延馬武，桀王失

道殺龍逢。秋雨瀟瀟，熳爛黃花都滿

徑；春風裊裊，扶疏綠竹正盈窗。

旌對旆，蓋對幢，故國對他邦。千山對萬水，九澤對三江。山岌岌，水淙淙，鼓振對鐘撞。清風生酒舍，白月照書窗。陣上倒戈辛紂戰，道旁系劍子嬰降。夏日池塘，出沒浴波鷗對對；春風簾幕，往來營壘燕雙雙。

銖對兩，只對雙，華岳對湘江。朝車對禁鼓，宿火對寒缸。青瑣闥，碧紗窗，漢社對周邦。笙簫鳴細細，鐘鼓響

茶tú 對種竹，落絮對游絲。四目頡，一

主簿栖鸞名有覽，治中展驥姓惟龐。蘇武牧羊，雪屢餐于北海；莊周活鮒，水必決于西江。

四支

茶對酒，賦對詩，燕子對鶯兒。栽花對種竹，落絮對游絲。四目頡，一足夔，鴝鵒對鷺鷥。半池紅菡萏，一架白荼蘼。幾陣秋風能應候，一犁春雨甚知時。智伯恩深，國士吞變形之

chuāng。主zhǔ 簿bù 栖qī 鸞luán 名míng 有yǒu 覽lǎn，治zhì 中zhōng 展zhǎn 驥jì 姓xìng

惟wéi 龐páng。蘇sū 武wǔ 牧mù 羊yáng，雪xuě 屢lǚ 餐cān 于yú 北běi 海hǎi；莊zhuāng

周zhōu 活huó 鮒fù，水shuǐ 必bì 決jué 于yú 西xī 江jiāng。

四sì 支zhī

茶chá 對duì 酒jiǔ，賦fù 對duì 詩shī，燕yàn 子zǐ 對duì 鶯yīng 兒ér。栽zāi

花huā 對duì 種zhòng 竹zhú，落luò 絮xù 對duì 游yóu 絲sī。四sì 目mù 頡jié，一yì

足zú 夔kuí，鴝qú 鵒yù 對duì 鷺lù 鷥sī。半bàn 池chí 紅hóng 菡hàn 萏dàn，一yì

架jià 白bái 茶tú 蘼mí。幾jǐ 陣zhèn 秋qiū 風fēng 能néng 應yìng 候hòu，一yì 犁lí 春chūn

雨yǔ 甚shèn 知zhī 時shí。智zhì 伯bó 恩ēn 深shēn，國guó 士shì 吞tūn 變biàn 形xíng 之zhī

炭 tàn ；羊 yáng 公 gōng 德 dé 大 dà ，邑 yì 人 rén 竪 shù 墮 duò 淚 lèi 之 zhī 碑 bēi 。

行 xíng 對 duì 止 zhǐ ，速 sù 對 duì 遲 chí ，舞 wǔ 劍 jiàn 對 duì 圍 wéi 棋 qí 。花 huā

箋 jiān 對 duì 草 cǎo 字 zì ，竹 zhú 簡 jiǎn 對 duì 毛 máo 錐 zhuī 。汾 fén 水 shuǐ 鼎 dǐng ，峴 xiàn

山 shān 碑 bēi ，虎 hǔ 豹 bào 對 duì 熊 xióng 羆 pí 。花 huā 開 kāi 紅 hóng 錦 jǐn 繡 xiù ，水 shuǐ

漾 yàng 碧 bì 琉 liú 璃 li 。去 qù 婦 fù 因 yīn 探 tàn 鄰 lín 舍 shè 棗 zǎo ，出 chū 妻 qī 為 wèi

種 zhòng 後 hòu 園 yuán 葵 kuí 。笛 dí 韵 yùn 和 hé 諧 xié ，仙 xiān 管 guǎn 恰 qià 從 cóng 雲 yún 裏 lǐ

降 jiàng ；櫓 lǔ 聲 shēng 咿 yī 軋 yā ，漁 yú 舟 zhōu 正 zhèng 向 xiàng 雪 xuě 中 zhōng 移 yí 。

戈 gē 對 duì 甲 jiǎ ，鼓 gǔ 對 duì 旗 qí ，紫 zǐ 燕 yàn 對 duì 黃 huáng 鸝 lí 。梅 méi

酸 suān 對 duì 李 lǐ 苦 kǔ ，青 qīng 眼 yǎn 對 duì 白 bái 眉 méi 。三 sān 弄 nòng 笛 dí ，一 yì 圍 wéi

棋，雨打對風吹。海棠春睡早，楊柳

晝眠遲。張駿曾爲槐樹賦，杜陵不作

海棠詩。晋士特奇，可比一斑之豹；唐

儒博識，堪爲五總之龜。

五微

來對往，密對稀，燕舞對鶯飛。風

清對月朗，露重對烟微。霜菊瘦，雨

梅肥，客路對漁磯。晚霞舒錦绣，朝

露綴珠璣。夏暑客思欹石枕，秋寒婦

念寄邊衣。春水才深，青草岸邊漁父

去；夕陽半落，綠莎原上牧童歸。

寬對猛，是對非，服美對乘肥。珊

瑚對玳瑁，錦繡對珠璣。桃灼灼，柳依

依，綠暗對紅稀。窗前鶯并語，簾外

燕雙飛。漢致太平三尺劍，周臻大定

一戎衣。吟成賞月之詩，祇愁月墮；斟

滿送春之酒，惟憾春歸。

聲對色，飽對饑，虎節對龍旗。楊

花 huā 對 duì 桂 guì 葉 yè，白 bái 簡 jiǎn 對 duì 朱 zhū 衣 yī。龙 máng 也 yě 吠 fèi，燕 yàn 于 yú

飛 fēi，蕩 dàng 蕩 dàng 對 duì 巍 wēi 巍 wēi。春 chūn 暄 xuān 資 zī 日 rì 氣 qì，秋 qiū 冷 lěng

借 jiè 霜 shuāng 威 wēi。出 chū 使 shǐ 振 zhèn 威 wēi 馮 féng 奉 fèng 世 shì，治 zhì 民 mín 异 yì 等 děng

尹 yǐn 翁 wēng 歸 guī。燕 yàn 我 wǒ 弟 dì 兄 xiōng，載 zài 咏 yǒng 棣 dì 棠 táng 韡 wěi 韡 wěi；命 mìng

伊 yī 將 jiàng 帥 shuài，爲 wèi 歌 gē 楊 yáng 柳 liǔ 依 yī 依 yī。

六 liù 魚 yú

無 wú 對 duì 有 yǒu，實 shí 對 duì 虛 xū，作 zuò 賦 fù 對 duì 觀 guān 書 shū。綠 lǜ

窗 chuāng 對 duì 朱 zhū 戶 hù，寶 bǎo 馬 mǎ 對 duì 香 xiāng 車 jū。伯 bó 樂 lè 馬 mǎ，浩 hào

然 rán 驢 lú，弋 yì 雁 yàn 對 duì 求 qiú 魚 yú。分 fēn 金 jīn 齊 qí 鮑 bào 叔 shū，奉 fèng

璧藺相如。擲地金聲孫綽賦，回文錦字竇滔書。未遇殷宗胥靡困傅巖之築；既逢周后，太公捨渭水之漁。

終對始，疾對徐，短褐對華裾。六朝對三國，天祿對石渠。千字策，八行書，有若對相如。花殘無戲蝶，藻密有潛魚。落葉舞風高復下，小荷浮水卷還舒。愛見人長，共服宣尼休假蓋；忍彰已吝，誰知阮裕竟焚車。

麟對鳳，鱉對魚，內史對中書。犁鋤對耒耜，畎澮對郊墟。犀角帶，象牙梳，駟馬對安車。青衣能報赦，黃耳解傳書。庭畔有人持短劍，門前無客曳長裾。波浪拍船，駭舟人之水宿；峰巒繞舍，樂隱者之山居。

七虞

金對玉，寶對珠，玉兔對金烏。孤舟對短棹，一雁對雙鳧。橫醉眼，捻

吟須，李白對楊朱。秋霜多過雁，夜

月有啼烏。日暖林園花易賞，雪寒村

捨酒難沽。人處嶺南，善探巨象口中

齒；客居江左，偶奪驪龍頷下珠。

賢對聖，智對愚，傅粉對施朱。名

繮對利鎖，挈榼對提壺。鳩哺子，燕調

雛，石帳對郇厨。烟輕籠岸柳，風急

撼庭梧。鴝眼一方端石硯，龍涎三炷

博山爐。曲沼魚多，可使漁人結網；平

田 tián 兔 tù 少 shǎo，漫 màn 勞 láo 耕 gēng 者 zhě 守 shǒu 株 zhū。

秦 qín 對 duì 趙 zhào，越 yuè 對 duì 吳 wú，釣 diào 客 kè 對 duì 耕 gēng 夫 fū。箕 jī

裘 qiú 對 duì 杖 zhàng 履 lǚ，杞 qǐ 梓 zǐ 對 duì 桑 sāng 榆 yú。天 tiān 欲 yù 曉 xiǎo，日 rì 將 jiāng

晡 bū，狡 jiǎo 兔 tù 對 duì 妖 yāo 狐 hú。讀 dú 書 shū 甘 gān 刺 cì 股 gǔ，煮 zhǔ 粥 zhōu

惜 xī 焚 fén 須 xū。韓 hán 信 xìn 武 wǔ 能 néng 平 píng 四 sì 海 hǎi，左 zuǒ 思 sī 文 wén 足 zú

賦 fù 三 sān 都 dū。嘉 jiā 遁 dùn 幽 yōu 人 rén，適 shì 志 zhì 竹 zhú 籬 lí 茅 máo 舍 shè；勝 shèng

游 yóu 公 gōng 子 zǐ，玩 wán 情 qíng 柳 liǔ 陌 mò 花 huā 衢 qú。

八　齊

岩對岫，澗對溪，遠岸對危堤。鶴

長對鳧短，水對山雞。星拱北，月

流西，漢露對湯霓。桃林牛已放，虞

坂馬長嘶。叔徑去官聞廣受，弟兄讓

國有夷齊。三月春濃，芍藥叢中蝴蝶

舞；五更天曉，海棠枝上子規啼。

雲對雨，水對泥，白璧對玄圭。獻

瓜對投李，禁鼓對徵鼙。徐稚榻，魯

班梯，鳳蓑對鸞栖，有官清似水，無

客醉如泥。截髮惟聞陶侃母，斷機祇

有樂羊妻。秋望佳人，目送樓頭千里

雁；早行遠客，夢驚枕上五更雞。

熊對虎，象對犀，霹靂對虹霓。杜

鵑對孔雀，桂嶺對梅溪。蕭史鳳，宋

宗雞，遠近對高低。水寒魚不躍，林

茂鳥頻栖。楊柳和烟彭澤縣，桃花流

水武陵溪。公子追歡，閑聚玉驄游綺

陌；佳人卷繡，悶欹珊枕掩香閨。

九佳

河對海，漢對淮，赤岸對朱崖。鷺飛對魚躍，寶鈿對金釵。魚圉圉，鳥嗜嗜，草履對芒鞋。古賢崇篤厚，時輩喜詼諧。孟訓文公談性善，顏師孔子問心齋。緩撫琴弦，像流鶯而并語；斜排箏柱。類過雁之相挨。

豐對儉，等對差，布襖對荊釵。

雁行對魚陣，榆塞對蘭崖。挑薺女，采蓮娃，菊徑對苔階。詩成六義備，樂奏八音諧。造律吏哀秦法酷，知音人説鄭聲哇。天欲飛霜，塞上有鴻行已過；雲將作雨，庭前多蟻陣先排。

城對市，巷對街，破屋對空階。桃枝對桂葉，砌蚓對墻蝸。梅可望，橘堪懷，李路對高柴。花藏沽酒市，竹映讀書齋。馬首不容孤竹扣，車輪終就

洛陽埋。朝宰錦衣，貴束烏犀之帶；宮

人寶髻，宜簪白燕之釵。

十灰

增對損，閉對開，碧草對蒼苔。書

簽對筆架，兩曜對三臺。周召虎，宋桓

魋，閬苑對蓬萊。薰風生殿閣，皓月

照樓臺。却馬漢文思罷獻，吞蝗唐太

冀移災。照耀八荒，赫赫麗天秋日；震

驚百里，轟轟出地春雷。

沙 shā 對 duì 水 shuǐ，火 huǒ 對 duì 灰 huī，雨 yǔ 雪 xuě 對 duì 風 fēng 雷 léi。書 shū

淫 yín 對 duì 傳 zhuàn 癖 pǐ，水 shuǐ 滸 hǔ 對 duì 岩 yán 隈 wēi。歌 gē 舊 jiù 曲 qǔ，釀 niàng 新 xīn

醅 pēi，舞 wǔ 館 guǎn 對 duì 歌 gē 臺 tái。春 chūn 棠 táng 經 jīng 雨 yǔ 放 fàng，秋 qiū 菊 jú

傲 ào 霜 shuāng 開 kāi。作 zuò 酒 jiǔ 固 gù 難 nán 忘 wàng 曲 qū 蘖 niè，調 tiáo 羹 gēng 必 bì 要 yào

用 yòng 鹽 yán 梅 méi。月 yuè 滿 mǎn 庾 yǔ 樓 lóu，據 jù 胡 hú 床 chuáng 而 ér 可 kě 玩 wán；花 huā

開 kāi 唐 táng 苑 yuàn，轟 hōng 羯 jié 鼓 gǔ 以 yǐ 奚 xī 催 cuī。

休 xiū 對 duì 咎 jiù，福 fú 對 duì 災 zāi，象 xiàng 箸 zhù 對 duì 犀 xī 杯 bēi。宮 gōng

花 huā 對 duì 御 yù 柳 liǔ，峻 jùn 閣 gé 對 duì 高 gāo 臺 tái。花 huā 蓓 bèi 蕾 lěi，草 cǎo 根 gēn

荄 gāi，剔 tī 蘚 xiǎn 對 duì 剜 wān 苔 tái。雨 yǔ 前 qián 庭 tíng 蟻 yǐ 鬧 nào，霜 shuāng 後 hòu

陣 zhèn 鴻 hóng 哀 āi。元 yuán 亮 liàng 南 nán 窗 chuāng 今 jīn 日 rì 傲 ào，孫 sūn 弘 hóng 東 dōng 閣 gé

幾 jǐ 時 shí 開 kāi。平 píng 展 zhǎn 青 qīng 茵 yīn，野 yě 外 wài 茸 róng 茸 róng 軟 ruǎn 草 cǎo；高 gāo

張 zhāng 翠 cuì 幄 wò，庭 tíng 前 qián 鬱 yù 鬱 yù 涼 liáng 槐 huái。

十一 shí yī 真 zhēn

邪 xié 對 duì 正 zhèng，假 jiǎ 對 duì 真 zhēn，獬 xiè 豸 zhì 對 duì 麒 qí 麟 lín。韓 hán

盧 lú 對 duì 蘇 sū 雁 yàn，陸 lù 橘 jú 對 duì 莊 zhuāng 椿 chūn。韓 hán 五 wǔ 鬼 guǐ，李 lǐ

三 sān 人 rén，北 běi 魏 wèi 對 duì 西 xī 秦 qín。蟬 chán 鳴 míng 哀 āi 暮 mù 夏 xià，鶯 yīng

囀 zhuàn 怨 yuàn 殘 cán 春 chūn。野 yě 燒 shāo 焰 yàn 騰 téng 紅 hóng 爍 shuò 爍 shuò，溪 xī 流 liú 波 bō

皺 zhòu 碧 bì 粼 lín 粼 lín。行 xíng 無 wú 蹤 zōng，居 jū 無 wú 廬 lú，頌 sòng 成 chéng 酒 jiǔ

德 dé；動 dòng 有 yǒu 時 shí，藏 cáng 有 yǒu 節 jié，論 lùn 著 zhù 錢 qián 神 shén。

哀 āi 對 duì 樂 lè，富 fù 對 duì 貧 pín，好 hǎo 友 yǒu 對 duì 嘉 jiā 賓 bīn。彈 tán

冠 guān 對 duì 結 jié 綬 shòu，白 bái 日 rì 對 duì 青 qīng 春 chūn。金 jīn 翡 fěi 翠 cuì，玉 yù

麒 qí 麟 lín，虎 hǔ 爪 zhǎo 對 duì 龍 lóng 麟 lín。柳 liǔ 塘 táng 生 shēng 細 xì 浪 làng，花 huā

徑 jìng 起 qǐ 香 xiāng 塵 chén。閑 xián 愛 ài 登 dēng 山 shān 穿 chuān 謝 xiè 屐 jī，醉 zuì 思 sī 漉 lù

酒 jiǔ 脫 tuō 陶 táo 巾 jīn。雪 xuě 冷 lěng 霜 shuāng 嚴 yán，倚 yǐ 檻 jiàn 松 sōng 筠 yún 同 tóng 傲 ào

歲 suì；日 rì 遲 chí 風 fēng 暖 nuǎn，滿 mǎn 園 yuán 花 huā 柳 liǔ 各 gè 爭 zhēng 春 chūn。

香 xiāng 對 duì 火 huǒ，炭 tàn 對 duì 薪 xīn，日 rì 觀 guàn 對 duì 天 tiān 津 jīn。禪 chán

心 xīn 對 duì 道 dào 眼 yǎn，野 yě 婦 fù 對 duì 宮 gōng 嬪 pín。仁 rén 無 wú 敵 dí，德 dé 有 yǒu

鄰 lín，萬 wàn 石 dàn 對 duì 千 qiān 鈞 jūn。滔 tāo 滔 tāo 三 sān 峽 xiá 水 shuǐ，冉 rǎn 冉 rǎn

一 yì 溪 xī 冰 bīng。充 chōng 國 guó 功 gōng 名 míng 當 dāng 畫 huà 閣 gé，子 zǐ 張 zhāng 言 yán 行 xíng

貴 guì 書 shū 紳 shēn。篤 dǔ 志 zhì 詩 shī 書 shū，思 sī 入 rù 聖 shèng 賢 xián 絶 jué 域 yù；忘 wàng

情 qíng 官 guān 爵 jué，羞 xiū 沾 zhān 名 míng 利 lì 纖 xiān 塵 chén。

十 shí 二 èr 文 wén

家 jiā 對 duì 國 guó，武 wǔ 對 duì 文 wén，四 sì 輔 fǔ 對 duì 三 sān 軍 jūn。九 jiǔ

經 jīng 對 duì 三 sān 史 shǐ，菊 jú 馥 fù 對 duì 蘭 lán 芬 fēn。歌 gē 北 běi 鄙 bǐ，咏 yǒng

南 nán 薰 xūn，邇 ěr 聽 tīng 對 duì 遙 yáo 聞 wén。召 shào 公 gōng 周 zhōu 太 tài 保 bǎo，李 lǐ

廣 guǎng 漢 hàn 將 jiāng 軍 jūn。聞 wén 化 huà 蜀 shǔ 民 mín 皆 jiē 草 cǎo 偃 yǎn，爭 zhēng 權 quán 晉 jìn

堯 yáo 對 duì 舜 shùn，夏 xià 對 duì 殷 yīn，蔡 cài 蕙 huì 對 duì 劉 liú 蕡 fén。山 shān

雪 xuě；豐 fēng 年 nián 先 xiān 兆 zhào，西 xī 郊 jiāo 千 qiān 頃 qǐng 稼 jià 如 rú 雲 yún。

酒 jiǔ 嘆 tàn 文 wén 君 jūn。好 hǎo 景 jǐng 有 yǒu 期 qī，北 běi 嶺 lǐng 幾 jǐ 枝 zhī 梅 méi 似 sì

下 xià 漢 hàn 將 jiāng 軍 jūn。施 shī 帳 zhàng 解 jiě 圍 wéi 嘉 jiā 道 dào 韞 yùn，當 dāng 爐 lú 沽 gū

成 chéng 文 wén，馬 mǎ 燧 suì 對 duì 羊 yáng 欣 xīn。山 shān 中 zhōng 梁 liáng 宰 zǎi 相 xiàng，樹 shù

車 chē 對 duì 鶴 hè 駕 jià，朝 zhāo 旭 xù 對 duì 晚 wǎn 曛 xūn。花 huā 有 yǒu 艷 yàn，竹 zhú

欹 qī 對 duì 正 zhèng，見 jiàn 對 duì 聞 wén，偃 yǎn 武 wǔ 對 duì 修 xiū 文 wén。羊 yáng

月 yuè；衡 héng 峰 fēng 秋 qiū 早 zǎo，雁 yàn 飛 fēi 高 gāo 貼 tiē 楚 chǔ 天 tiān 雲 yún。

土 tǔ 已 yǐ 瓜 guā 分 fēn。巫 wū 峽 xiá 夜 yè 深 shēn，猿 yuán 嘯 xiào 苦 kǔ 哀 āi 巴 bā 地 dì

明 míng，對 duì 水 shuǐ 秀 xiù，五 wǔ 典 diǎn 對 duì 三 sān 墳 fén。唐 táng 李 lǐ 杜 dù，晉 jìn

機 jī 雲 yún，事 shì 父 fù 對 duì 忠 zhōng 君 jūn。雨 yǔ 晴 qíng 鳩 jiū 喚 huàn 婦 fù，霜 shuāng 冷 lěng

雁 yàn 呼 hū 群 qún。酒 jiǔ 量 liàng 洪 hóng 深 shēn 周 zhōu 僕 pú 射 yè，詩 shī 才 cái 俊 jùn 逸 yì

鮑 bào 參 cān 軍 jūn。鳥 niǎo 翼 yì 長 cháng 隨 suí，鳳 fèng 兮 xī 洵 xún 眾 zhòng 禽 qín 長 zhǎng；

狐 hú 威 wēi 不 bù 假 jiǎ，虎 hǔ 也 yě 真 zhēn 百 bǎi 獸 shòu 尊 zūn。

十 shí 三 sān 元 yuán

幽 yōu 對 duì 顯 xiǎn，寂 jì 對 duì 喧 xuān，柳 liǔ 岸 àn 對 duì 桃 táo 源 yuán。鶯 yīng

朋 péng，對 duì 燕 yàn 友 yǒu，早 zǎo 暮 mù 對 duì 寒 hán 暄 xuān。魚 yú 躍 yuè 沼 zhǎo，鶴 hè 乘 chéng

軒 xuān，醉 zuì 膽 dǎn 對 duì 吟 yín 魂 hún。輕 qīng 塵 chén 生 shēng 范 fàn 甑 zèng，積 jī 雪 xuě

擁袁門。縷縷輕烟芳草渡，絲絲微雨

杏花村。詣闕王通，獻太平十二策；出

關老子，著道德五千言。

兒對女，子對孫，藥圃對花村。高

樓對邃閣，赤豹對玄猿。妃子騎，夫

人軒，曠野對平原。麭巴能鼓瑟，伯

氏善吹塤。馥馥早梅思驛使，萋萋芳

草怨王孫。秋夕月明，蘇子黃崗游赤

壁；春朝花發，石家金谷啓芳園。

歌對舞，德對恩，犬馬對雞豚。龍池對鳳沼，雨驟對雲屯。劉向閣，李膺門，唳鶴對啼猿。柳搖春白晝，梅弄月黃昏。歲冷松筠皆有節，春喧桃李本無言。噪晚齊蟬，歲歲秋來泣恨；啼宵蜀鳥，年年春去傷魂。

十四　寒

多對少，易對難，虎踞對龍蟠。龍舟對鳳輦，白鶴對青鸞。風淅淅，露

溥tuán 溥tuán，绣xiù 毂gǔ 對duì 雕diāo 鞍ān。魚yú 游yóu 荷hé 葉yè 沼zhǎo，鷺lù

立lì 蓼liǎo 花huā 灘tān。有yǒu 酒jiǔ 阮ruǎn 貂diāo 裘xī 用yòng 解jiě，無wú 魚yú 馮féng

鋏jiá 必bì 須xū 彈tán。丁dīng 固gù 夢mèng 松sōng，柯kē 葉yè 忽hū 然rán 生shēng 腹fù

上shàng；文wén 郎láng 畫huà 竹zhú，枝zhī 梢shāo 倏shū 爾ěr 長zhǎng 毫háo 端duān。

寒hán 對duì 暑shǔ，濕shī 對duì 幹gān，魯lǔ 隱yǐn 對duì 齊qí 桓huán。寒hán

氈zhān 對duì 暖nuǎn 席xí，夜yè 飲yǐn 對duì 晨chén 餐cān。叔shū 子zǐ 帶dài，仲zhòng 由yóu

冠guān，郟jiá 鄏rǔ 對duì 邯hán 鄲dān。嘉jiā 禾hé 憂yōu 夏xià 旱hàn，衰shuāi 柳liǔ 耐nài

秋qiū 寒hán。楊yáng 柳liǔ 綠lǜ 遮zhē 元yuán 亮liàng 宅zhái，杏xìng 花huā 紅hóng 映yìng 仲zhòng

尼ní 壇tán。江jiāng 水shuǐ 流liú 長cháng，環huán 繞rào 似sì 青qīng 羅luó 帶dài；海hǎi 蟾chán

輪(lún)滿(mǎn)，澄(chéng)明(míng)如(rú)白(bái)玉(yù)盤(pán)。

橫(héng)對(duì)竪(shù)，窄(zhǎi)對(duì)寬(kuān)，黑(hēi)志(zhì)對(duì)彈(dàn)丸(wán)。朱(zhū)

簾(lián)對(duì)畫(huà)棟(dòng)，彩(cǎi)檻(jiàn)對(duì)雕(diāo)欄(lán)。春(chūn)既(jì)老(lǎo)，夜(yè)

將(jiāng)闌(lán)，百(bǎi)辟(bì)對(duì)千(qiān)官(guān)。懷(huái)仁(rén)稱(chēng)足(zú)足(zú)，抱(bào)

義(yì)美(měi)般(bān)般(bān)。好(hào)馬(mǎ)君(jūn)王(wáng)曾(céng)市(shì)骨(gǔ)，食(shí)猪(zhū)處(chǔ)

士(shì)僅(jǐn)思(sī)肝(gān)。世(shì)仰(yǎng)雙(shuāng)仙(xiān)，元(yuán)禮(lǐ)舟(zhōu)中(zhōng)携(xié)郭(guō)

泰(tài)，人(rén)稱(chēng)連(lián)璧(bì)，夏(xià)侯(hóu)車(chē)上(shàng)并(bìng)潘(pān)安(ān)。

十(shí)五(wǔ) 刪(shān)

興(xīng)對(duì)廢(fèi)，附(fù)對(duì)攀(pān)，露(lù)草(cǎo)對(duì)霜(shuāng)菅(jiān)，歌(gē)

廉 lián 對 duì 借 jiè 寇 kòu，習 xí 孔 kǒng 對 duì 希 xī 顏 yán。山 shān 壘 lěi 壘 lěi，水 shuǐ

潺 chán 潺 chán，奉 fèng 璧 bì 對 duì 探 tàn 鐶 huán。禮 lǐ 由 yóu 公 gōng 旦 dàn 作 zuò，詩 shī

本 běn 仲 zhòng 尼 ní 刪 shān。驢 lú 困 kùn 客 kè 方 fāng 經 jīng 灞 bà 水 shuǐ，雞 jī 鳴 míng 人 rén

已 yǐ 出 chū 函 hán 關 guān。幾 jǐ 夜 yè 霜 shuāng 飛 fēi，已 yǐ 有 yǒu 蒼 cāng 鴻 hóng 辭 cí 北 běi

塞 sài；數 shù 朝 zhāo 霧 wù 暗 àn，豈 qǐ 無 wú 玄 xuán 豹 bào 隱 yǐn 南 nán 山 shān。

猶 yóu 對 duì 尚 shàng，侈 chǐ 對 duì 慳 qiān，霧 wù 鬢 jì 對 duì 烟 yān 鬟 huán。鶯 yīng

啼 tí 對 duì 鵲 què 噪 zào，獨 dú 鶴 hè 對 duì 雙 shuāng 鷴 xián。黃 huáng 牛 niú 峽 xiá，金 jīn

馬 mǎ 山 shān，結 jié 草 cǎo 對 duì 銜 xián 環 huán。昆 kūn 山 shān 惟 wéi 玉 yù 集 jí，合 hé

浦 pǔ 有 yǒu 珠 zhū 還 huán。阮 ruǎn 籍 jí 舊 jiù 能 néng 為 wéi 眼 yǎn 白 bái，老 lǎo 萊 lái 新 xīn

愛着衣斑。栖遲避世人，草衣木食；窈

窕傾城女，雲鬢花顏。

姚對宋，柳對顏，賞善對懲奸。愁

中對夢裏，巧慧對痴頑。孔北海，謝

東山，使越對徵蠻，淫聲聞濮上，離

曲聽陽關。驍將袍披仁貴白，小兒衣

着老萊斑。茅舍無人，難卻塵埃生榻

上；竹亭有客，尚留風月在窗間。

聲 shēng
律 lǜ
啓 qǐ
蒙 méng
·
下 xià
平 píng
聲 shēng

一 yī 先 xiān

晴 qíng 對 duì 雨 yǔ，地 dì 對 duì 天 tiān，天 tiān 地 dì 對 duì 山 shān 川 chuān。山 shān

川 chuān 對 duì 草 cǎo 木 mù，赤 chì 壁 bì 對 duì 青 qīng 田 tián。郟 jiá 鄏 rǔ 鼎 dǐng，武 wǔ 城 chéng

弦 xián，木 mù 筆 bǐ 對 duì 苔 tái 錢 qián。金 jīn 城 chéng 三 sān 月 yuè 柳 liǔ，玉 yù 井 jǐng

九 jiǔ 秋 qiū 蓮 lián。何 hé 處 chù 春 chūn 朝 zhāo 風 fēng 景 jǐng 好 hǎo，誰 shuí 家 jiā 秋 qiū 夜 yè

月 yuè 華 huá 圓 yuán。珠 zhū 綴 zhuì 花 huā 梢 shāo，千 qiān 點 diǎn 薔 qiáng 薇 wēi 香 xiāng 露 lù；練 liàn

橫 héng 樹 shù 杪 miǎo，幾 jǐ 絲 sī 楊 yáng 柳 liǔ 殘 cán 烟 yān。

前 qián 對 duì 後 hòu，後 hòu 對 duì 先 xiān，眾 zhòng 醜 chǒu 對 duì 孤 gū 妍 yán。鶯 yīng

簧 huáng 對 duì 蝶 dié 板 bǎn，虎 hǔ 穴 xué 對 duì 龍 lóng 淵 yuān。擊 jī 石 shí 磬 qìng，觀 guān

韋編，鼠目對鳶肩。春園花柳地，秋

沼芰荷天。白羽頻揮閑客坐，烏紗半

墜醉翁眠。野店幾家，羊角風搖沽酒

斾；長川一帶，鴨頭波泛打魚船。

離對坎，震對乾，一日對千年，堯

天對舜日，蜀水對秦川。蘇武節，鄭

虔氈，澗壑對林泉。揮戈能退日，持管

莫窺天。寒食芳辰花爛熳，中秋佳節

月嬋娟。夢裏榮華，飄風忽枕邊之客，

壺(hú)中(zhōng)日(rì)月(yuè)，安(ān)閑(xián)市(shì)上(shàng)之(zhī)仙(xiān)。

二(èr)蕭(xiāo)

恭(gōng)對(duì)慢(màn)，吝(lìn)對(duì)驕(jiāo)，水(shuǐ)遠(yuǎn)對(duì)山(shān)遙(yáo)。松(sōng)

軒(xuān)對(duì)竹(zhú)檻(jiàn)，雪(xuě)賦(fù)對(duì)風(fēng)謠(yáo)。乘(chéng)五(wǔ)馬(mǎ)，貫(guàn)

雙(shuāng)雕(diāo)，燭(zhú)滅(miè)對(duì)香(xiāng)消(xiāo)。明(míng)蟾(chán)常(cháng)徹(chè)夜(yè)，驟(zhòu)

雨(yǔ)不(bù)終(zhōng)朝(zhāo)。樓(lóu)閣(gé)天(tiān)涼(liáng)風(fēng)颯(sà)颯(sà)，關(guān)河(hé)地(dì)

隔(gé)雨(yǔ)瀟(xiāo)瀟(xiāo)。幾(jǐ)點(diǎn)鷺(lù)鷥(sī)，日(rì)暮(mù)常(cháng)飛(fēi)紅(hóng)蓼(liǎo)

岸(àn)；一(yì)雙(shuāng)鸂(xī)鶒(chì)，春(chūn)朝(zhāo)頻(pín)泛(fàn)綠(lǜ)楊(yáng)橋(qiáo)。

開(kāi)對(duì)落(luò)，暗(àn)對(duì)昭(zhāo)，趙(zhào)瑟(sè)對(duì)虞(yú)韶(sháo)。軺(yáo)

車對驛騎，錦綉對瓊瑤。羞攘臂，懶

折腰，范甑對顏瓢。寒天鴛帳酒，夜

月鳳臺簫。舞女腰肢楊柳軟，佳人顏

貌海棠嬌。豪客尋春，南陌草青香陣

陣；閑人避暑，東堂蕉綠影搖搖。

班對馬，董對巢，夏晝對春宵。雷

聲對電影，麥穗對禾苗。八千路，廿

四橋，總角對垂髫。露桃勻嫩臉，風

柳舞纖腰。賈誼賦成傷傅鳥，周公詩

就托鴟鴞。幽寺尋僧，逸興豈知俄爾盡；長亭送客，離魂不覺黯然消。

三肴

風對雅，象對爻，巨蟒對長蛟。天文對地理，蟋蟀對螵蛸。龍夭矯，虎咆哮，北學對東膠。築臺須壘土，成屋必誅茅。潘岳不忘秋興賦，邊韶常被晝眠嘲。撫養群黎，已見國家隆治；滋生萬物，方知天地泰交。

蛇對虺，蜃對蛟，麟藪對鵲巢。風

聲對月色，麥穗對桑苞。何妥難，子雲

嘲，楚甸對商郊。五音惟耳聽，萬慮

在心包。葛被湯征因仇餉，楚遭齊伐

責包茅。高矣若天，洵是聖人大道；淡

而如水，實為君子神交。

牛對馬，犬對貓，旨酒對嘉肴。桃

紅對柳綠，竹葉對松梢，藜杖叟，布

衣樵，北野對東郊。白駒形皎皎，黃

鳥語交交。花圍春殘無客到，柴門夜

永有僧敲。墙畔佳人，飄揚競把秋千

舞；樓前公子，笑語爭將蹴鞠抛。

四

豪

琴對瑟，劍對刀，地迥對天高。峨

冠對博帶，紫綬對緋袍。煎异茗，酌香

醪，虎兒對猿猱。武夫攻騎射，野婦

務蠶繰。秋雨一川淇奥竹，春風兩岸

武陵桃。螺鬢青濃，樓外晚山千仞；鴨

頭 tóu 綠 lǜ 膩 nì ，溪 xī 中 zhōng 春 chūn 水 shuǐ 半 bàn 篙 gāo 。

刑 xíng 對 duì 賞 shǎng ，貶 biǎn 對 duì 褒 bāo ，破 pò 斧 fǔ 對 duì 征 zhēng 袍 páo 。梧 wú

桐 tóng 對 duì 橘 jú 柚 yòu ，枳 zhǐ 棘 jí 對 duì 蓬 péng 蒿 hāo 。雷 léi 煥 huàn 劍 jiàn ，呂 lǚ

虔 qián 刀 dāo ，橄 gǎn 欖 lǎn 對 duì 葡 pú 萄 táo 。一 yì 椽 chuán 書 shū 舍 shè 小 xiǎo ，百 bǎi

尺 chǐ 酒 jiǔ 樓 lóu 高 gāo 。李 lǐ 白 bái 能 néng 詩 shī 時 shí 秉 bǐng 筆 bǐ ，劉 liú 伶 líng 愛 ài

酒 jiǔ 每 měi 餔 bū 糟 zāo 。禮 lǐ 別 bié 尊 zūn 卑 bēi ，拱 gǒng 北 běi 眾 zhòng 星 xīng 常 cháng 燦 càn

燦 càn ；勢 shì 分 fēn 高 gāo 下 xià ，朝 cháo 東 dōng 萬 wàn 水 shuǐ 自 zì 滔 tāo 滔 tāo 。

瓜 guā 對 duì 果 guǒ ，李 lǐ 對 duì 桃 táo ，犬 quǎn 子 zǐ 對 duì 羊 yáng 羔 gāo 。春 chūn

分 fēn 對 duì 夏 xià 至 zhì ，谷 gǔ 水 shuǐ 對 duì 山 shān 濤 tāo 。雙 shuāng 鳳 fèng 翼 yì ，九 jiǔ 牛 niú

毛máo，主zhǔ逸yì對duì臣chén勞láo。水shuǐ流liú無wú限xiàn闊kuò，山shān聳sǒng

有yǒu餘yú高gāo。雨yǔ打dǎ村cūn童tóng新xīn牧mù笠lì，塵chén生shēng邊biān將jiàng

舊jiù征zhēng袍páo。俊jùn士shì居jū官guān，榮róng引yǐn宛yuān鴻hóng之zhī序xù；忠zhōng

臣chén報bào國guó，誓shì殫dān犬quǎn馬mǎ之zhī勞láo。

五wǔ歌gē

山shān對duì水shuǐ，海hǎi對duì河hé，雪xuě竹zhú對duì烟yān蘿luó。新xīn

歡huān對duì舊jiù恨hèn，痛tòng飲yǐn對duì高gāo歌gē。琴qín再zài撫fǔ，劍jiàn重zhòng

磨mó，媚mèi柳liǔ對duì枯kū荷hé。荷hé盤pán從cóng雨yǔ洗xǐ，柳liǔ綫xiàn

任rèn風fēng搓cuō。飲yǐn酒jiǔ豈qǐ知zhī歌qī醉zuì帽mào，觀guān棋qí不bù覺jué

爛 làn 樵 qiáo 柯 kē。山 shān 寺 sì 清 qīng 幽 yōu，直 zhí 踞 jù 千 qiān 尋 xún 雲 yún 嶺 lǐng；江 jiāng

樓 lóu 宏 hóng 敞 chǎng，遙 yáo 臨 lín 萬 wàn 頃 qǐng 烟 yān 波 bō。

繁 fán 對 duì 簡 jiǎn，少 shǎo 對 duì 多 duō，里 lǐ 咏 yǒng 對 duì 途 tú 歌 gē。宦 huàn

情 qíng 對 duì 旅 lǚ 況 kuàng，銀 yín 鹿 lù 對 duì 銅 tóng 駝 tuó。刺 cì 史 shǐ 鴨 yā，將 jiāng

軍 jūn 我 wǒ 鵝 é，玉 yù 律 lǜ 對 duì 金 jīn 科 kē。古 gǔ 堤 dī 垂 chuí 老 lǎo 柳 liǔ，曲 qū

沼 zhǎo 長 zhǎng 新 xīn 荷 hé。命 mìng 駕 jià 呂 lǚ 因 yīn 思 sī 叔 shū 夜 yè，引 yǐn 車 chē 藺 lìn

爲 wèi 避 bì 廉 lián 頗 pō。千 qiān 尺 chǐ 水 shuǐ 簾 lián，今 jīn 古 gǔ 無 wú 人 rén 能 néng 手 shǒu

卷 juǎn；一 yì 輪 lún 月 yuè 鏡 jìng，乾 qián 坤 kūn 何 hé 匠 jiàng 用 yòng 功 gōng 磨 mó？

霜 shuāng 對 duì 露 lù，浪 làng 對 duì 波 bō，徑 jìng 菊 jú 對 duì 池 chí 荷 hé。酒 jiǔ

闌對歌罷，日暖對風和。梁父咏，楚

狂歌，放鶴對觀鵝。史才推永叔，刀

筆仰蕭何。種橘猶嫌千樹少，寄梅誰

信一枝多。林下風生，黃髮村童推牧

笠；江頭日出，皓眉溪叟曬漁蓑。

六麻

松對柏，縷對麻，蟻陣對蜂衙。牚

鱗對白鷺，凍雀對昏鴉，白墮酒，碧沉

茶，品笛對吹笳。秋涼梧墮葉，春暖

杏開花。雨長苔痕侵壁砌，月移梅影

上窗紗。颯颯秋風，度城頭之篳篥；遲

遲晚照，動江上之琵琶。

優對劣，凸對凹，翠竹對黃花。松

杉對杞梓，菽麥對桑麻。山不斷，水

無涯，煮酒對烹茶。魚游池面水，鷺

立岸頭沙。百畝風翻陶令秫，一畦雨

熟邵平瓜。閑捧竹根，飲李白一壺之

酒；偶擎桐葉，啜盧仝七碗之茶。

吳對楚，蜀對巴，落日對流霞。酒錢對詩債，梧葉對松花。馳驛騎，泛仙槎，碧玉對丹砂。設橋偏送筍，開道竟還瓜。楚國大夫沉汨水，洛陽才子謫長沙。書篋琴囊，乃士流活計；藥爐茶鼎，實閑客生涯。

七 qī 陽 yáng

高對下，短對長，柳影對花香。詞人對賦客，五帝對三王。深院落，小池

塘，晚眺對晨妝。絳霄唐帝殿，綠野晉

公堂。寒集謝莊衣上雪，秋添潘岳鬢

邊霜。人浴蘭湯，事不忘于端午；客

斟菊酒，興常記于重陽。

堯對舜，禹對湯，晉宋對隋唐。奇

花對异草，夏日對秋霜。八叉手，九

回腸，地久對天長。一堤楊柳綠，三

徑菊花黃。聞鼓塞兵方戰鬥，聽鐘宮

女正梳妝。春飲方歸，紗帽半淹鄰舍

酒；早朝初退，衮衣微惹御爐香。

荀對孟，老對莊，嚲柳對垂楊。仙

宮對梵宇，小閣對長廊。風月窟，水雲

鄉，蟋蟀對螳螂。暖烟香靄靄，寒燭

影煌煌。伍子欲酬漁父劍，韓生嘗竊

賈公香。三月韶光，常憶花明柳媚；一

年好景，難忘橘綠橙黃。

八庚　gēng

深對淺，重對輕，有影對無聲。蜂腰

對蝶翅，宿醉對餘醒。天北缺，日東

生，獨臥對同行。寒冰三尺厚，秋月十

分明。萬卷書容閑客覽，一樽酒待故

人傾。心侈唐玄，厭看霓裳之曲；意

驕陳主，飽聞玉樹之賡。

虛對實，送對迎，後甲對先庚。鼓

琴對捨瑟，搏虎對騎鯨。金匼匝，玉

璁琤，玉宇對金莖。花間雙粉蝶，柳

內幾黃鶯。貧裏每甘藜藿味，醉中厭

聽管弦聲。腸斷秋閨，凉吹已侵重被冷；夢驚曉枕，殘蟬猶照半窗明。

漁對獵，釣對耕，玉振對金聲。雉城對雁塞，柳橐對葵傾。吹玉笛，弄銀笙，阮杖對桓箏。墨呼松處士，紙號楮先生。露浥好花潘岳縣，風搓細雨柳亞夫營。撫動琴弦，遽覺座中風雨至；哦成詩句，應知窗外鬼神驚。

九 jiǔ 青 qīng

紅 hóng 對 duì 紫 zǐ，白 bái 對 duì 青 qīng，漁 yú 火 huǒ 對 duì 禪 chán 燈 dēng。唐 táng

詩 shī 對 duì 漢 hàn 史 shǐ，釋 shì 典 diǎn 對 duì 仙 xiān 經 jīng。龜 guī 曳 yè 尾 wěi，鶴 hè

梳 shū 翎 líng，月 yuè 榭 xiè 對 duì 風 fēng 亭 tíng。一 yì 輪 lún 秋 qiū 夜 yè 月 yuè，幾 jǐ

點 diǎn 曉 xiǎo 天 tiān 星 xīng。晉 jìn 士 shì 祗 zhǐ 知 zhī 山 shān 簡 jiǎn 醉 zuì，楚 chǔ 人 rén 誰 shuí

識 shí 屈 qū 原 yuán 醒 xǐng。綉 xiù 卷 juàn 佳 jiā 人 rén，慵 yōng 把 bǎ 鴛 yuān 鴦 yāng 文 wén 作 zuò

枕 zhěn；吮 shǔn 毫 háo 画 huà 者 zhě，思 sī 將 jiāng 孔 kǒng 雀 que 寫 xiě 爲 wéi 屏 píng。

行 xíng 對 duì 坐 zuò，醉 zuì 對 duì 醒 xǐng，佩 pèi 紫 zǐ 對 duì 紆 yū 青 qīng。

棋 qí 枰 píng 對 duì 筆 bǐ 架 jià，雨 yǔ 雪 xuě 對 duì 雷 léi 霆 tíng。狂 kuáng 蛺 jiá 蝶 dié，

小蜻蜓，水岸對沙汀。天臺孫綽賦，劍

閣孟陽銘。傳信子卿千里，照書車

胤一囊螢。冉冉白雲，夜半高遮千里

月；澄澄碧水，宵中寒映一天星。

書對畫，傳對經，鸚鵡對鶺鴒。黃

茅對白荻，綠草對青萍。風繞鐸，雨

淋鈴，水閣對山亭。渚蓮千朵白，岸

柳兩行青。漢代宮中生秀柞，堯時階

畔長祥蓂。一枰決勝，棋子分黑白；半

幅 fú

通 tōng 靈 líng，畫 huà 色 sè 間 jiàn 丹 dān 青 qīng。

十 shí

蒸 zhēng

新 xīn 對 duì 舊 jiù，降 jiàng 對 duì 升 shēng，白 bái 犬 quǎn 對 duì 蒼 cāng 鷹 yīng。葛 gé

巾 jīn 對 duì 藜 lí 杖 zhàng。澗 jiàn 水 shuǐ 對 duì 池 chí 冰 bīng。張 zhāng 兔 tù 網 wǎng，挂 guà

魚 yú 罾 zēng，燕 yàn 雀 què 對 duì 鵬 péng 鯤 kūn。爐 lú 中 zhōng 煎 jiān 藥 yào 火 huǒ，窗 chuāng

下 xià 讀 dú 書 shū 燈 dēng。織 zhī 錦 jǐn 逐 zhú 梭 suō 成 chéng 舞 wǔ 鳳 fèng，畫 huà 屏 píng 誤 wù

筆 bǐ 作 zuò 飛 fēi 蠅 yíng。宴 yàn 客 kè 劉 liú 公 gōng，座 zuò 上 shàng 滿 mǎn 斟 zhēn 三 sān 雅 yǎ

爵 jué；迎 yíng 仙 xiān 漢 hàn 帝 dì，宮 gōng 中 zhōng 高 gāo 插 chā 九 jiǔ 光 guāng 燈 dēng。

儒 rú 對 duì 士 shì，佛 fó 對 duì 僧 sēng，面 miàn 友 yǒu 對 duì 心 xīn 朋 péng。春 chūn

殘 cán 對 duì 夏 xià 老 lǎo，夜 yè 寢 qǐn 對 duì 晨 chén 興 xīng。千 qiān 里 lǐ 馬 mǎ，九 jiǔ

霄 xiāo 鵬 péng，霞 xiá 蔚 wèi 對 duì 雲 yún 蒸 zhēng。寒 hán 堆 duī 陰 yīn 嶺 lǐng 雪 xuě，春 chūn

泮 pàn 水 shuǐ 池 chí 冰 bīng。亞 yà 父 fù 憤 fèn 生 shēng 撞 zhuàng 玉 yù 斗 dǒu，周 zhōu 公 gōng 誓 shì

死 sǐ 作 zuò 金 jīn 縢 téng。將 jiāng 軍 jūn 元 yuán 暉 huī，莫 mò 怪 guài 人 rén 譏 jī 爲 wéi 餓 è

虎 hǔ；待 shì 中 zhōng 盧 lú 昶 chǎng，難 nán 逃 táo 世 shì 號 hào 作 zuò 饑 jī 鷹 yīng。

規 guī 對 duì 矩 jǔ，墨 mò 對 duì 繩 shéng，獨 dú 步 bù 對 duì 同 tóng 登 dēng。吟 yín

哦 é 對 duì 諷 fěng 詠 yǒng，訪 fǎng 友 yǒu 對 duì 尋 xún 僧 sēng。風 fēng 繞 rào 屋 wū，水 shuǐ 襄 xiāng

陵 líng，紫 zǐ 鵠 hú 對 duì 蒼 cāng 鷹 yīng。鳥 niǎo 寒 hán 驚 jīng 夜 yè 月 yuè，魚 yú 暖 nuǎn

上 shàng 春 chūn 冰 bīng。揚 yáng 子 zǐ 口 kǒu 中 zhōng 飛 fēi 白 bái 鳳 fèng，何 hé 郎 láng 鼻 bí 上

集jí 青qīng 蠅yíng。巨jù 鯉lǐ 躍yuè 池chí，翻fān 幾jǐ 重chóng 之zhī 密mì 藻zǎo；顛diān

猿yuán 飲yǐn 澗jiàn，挂guà 百bǎi 尺chǐ 之zhī 垂chuí 藤téng。

十shí 一yī 尤yóu

榮róng 對duì 辱rǔ，喜xǐ 對duì 憂yōu，夜yè 宴yàn 對duì 春chūn 游yóu。燕yān

關guān 對duì 楚chǔ 水shuǐ，蜀shǔ 犬quǎn 對duì 吳wú 牛niú。茶chá 敵dí 睡shuì，酒jiǔ

消xiāo 愁chóu，青qīng 眼yǎn 對duì 白bái 頭tóu。馬mǎ 遷qiān 修xiū《史shǐ 記jì》，孔kǒng

子zǐ 作zuò《春chūn 秋qiū》。適shì 興xìng 子zǐ 猷yóu 常cháng 泛fàn 棹zhào，思sī 歸guī

王wáng 粲càn 強qiǎng 登dēng 樓lóu。窗chuāng 下xià 佳jiā 人rén，妝zhuāng 罷bà 重chóng 將jiāng 金jīn

插chā 鬢bìn；筵yán 前qián 舞wǔ 妓jì，曲qǔ 終zhōng 還hái 要yào 錦jǐn 纏chán 頭tóu。

唇chún 對duì 齒chǐ，角jiǎo 對duì 頭tou，策cè 馬mǎ 對duì 騎qí 牛niú。毫háo

尖jiān 對duì 筆bǐ 底dǐ，綺qǐ 閣gé 對duì 雕diāo 鏤lóu。楊yáng 柳liǔ 岸àn，荻dí 蘆lú

洲zhōu，語yǔ 燕yàn 對duì 啼tí 鳩jiū。客kè 乘chéng 金jīn 絡luò 馬mǎ，人rén 泛fàn

木mù 蘭lán 舟zhōu。綠lǜ 野yě 耕gēng 夫fū 春chūn 舉jǔ 耜sì，碧bì 池chí 漁yú 父fù

晚wǎn 垂chuí 鈎gōu。波bō 浪làng 千qiān 層céng，喜xǐ 見jiàn 蛟jiāo 龍lóng 得dé 水shuǐ；雲yún

霄xiāo 萬wàn 里lǐ，驚jīng 看kàn 雕diāo 鶚è 橫héng 秋qiū。

庵ān 對duì 寺sì，殿diàn 對duì 樓lóu，酒jiǔ 艇tǐng 對duì 漁yú 舟zhōu。金jīn

龍lóng 對duì 彩cǎi 鳳fèng，蟠fén 豕shǐ 對duì 童tóng 牛niú。王wáng 郎láng 帽mào，蘇sū

子zǐ 裘qiú，四sì 季jì 對duì 三sān 秋qiū。峰fēng 巒luán 扶fú 地dì 秀xiù，江jiāng

漢接天流。一灣綠水漁村小，萬里青

山佛寺幽。龍馬呈河，羲皇闡微而畫

卦；神龜出洛，禹王取法以陳疇。

十二侵

眉對目，口對心，錦瑟對瑤琴。曉

耕對寒釣，晚笛對秋砧。松鬱鬱，竹

森森，閔損對曾參。秦王親擊缶，虞

帝自揮琴。三獻卞和嘗泣玉，四知楊

震固辭金。寂寂秋朝，庭葉因霜摧嫩

◎◎七四◎◎

色 sè ；沉 chén 沉 chén 春 chūn 夜 yè ，砌 qì 花 huā 隨 suí 月 yuè 轉 zhuǎn 清 qīng 陰 yīn 。

前 qián 對 duì 後 hòu ，古 gǔ 對 duì 今 jīn ，野 yě 獸 shòu 對 duì 山 shān 禽 qín 。健 jiān

牛 niú 對 duì 牝 pìn 馬 mǎ ，水 shuǐ 淺 qiǎn 對 duì 山 shān 深 shēn 。曾 zēng 點 diǎn 瑟 sè ，戴 dài

葵 kuí 琴 qín ，璞 pú 玉 yù 對 duì 渾 hún 金 jīn 。艷 yàn 紅 hóng 花 huā 弄 nòng 色 sè ，濃 nóng

綠 lǜ 柳 liǔ 敷 fū 陰 yīn 。不 bù 雨 yǔ 湯 tāng 王 wáng 方 fāng 剪 jiǎn 爪 zhǎo ，有 yǒu 風 fēng 楚 chǔ

子 zǐ 正 zhèng 披 pī 襟 jīn 。書 shū 生 shēng 惜 xī 壯 zhuàng 歲 suì 韶 sháo 華 huá ，寸 cùn 陰 yīn 尺 chǐ

璧 bì ；游 yóu 子 zǐ 愛 ài 良 liáng 宵 xiāo 光 guāng 景 jǐng ，一 yí 刻 kè 千 qiān 金 jīn 。

絲 sī 對 duì 竹 zhú ，劍 jiàn 對 duì 琴 qín ，素 sù 志 zhì 對 duì 丹 dān 心 xīn 。千 qiān

愁 chóu 對 duì 一 yí 醉 zuì ，虎 hǔ 嘯 xiào 對 duì 龍 lóng 吟 yín 。子 zǐ 罕 hǎn 玉 yù ，不 bù

耽 dān 耽 dān。窗 chuāng 下 xià 書 shū 生 shēng 時 shí 諷 fěng 咏 yǒng，筵 yán 前 qián 酒 jiǔ 客 kè 日 rì

藍 lán，雪 xuě 嶺 lǐng 對 duì 雲 yún 潭 tán。鳳 fèng 飛 fēi 方 fāng 翙 huì 翙 huì，虎 hǔ 視 shì 已 yǐ

堂 táng 對 duì 仙 xiān 洞 dòng，道 dào 院 yuàn 對 duì 禪 chán 庵 ān。山 shān 潑 pō 黛 dài。水 shuǐ 浮 fú

十 shí 三 sān 覃 tán

千 qiān 對 duì 百 bǎi，兩 liǎng 對 duì 三 sān，地 dì 北 běi 對 duì 天 tiān 南 nán。佛 fó

粽 zòng；牛 niú 郎 láng 渡 dù 渚 zhǔ，家 jiā 家 jiā 臺 tái 上 shàng 競 jìng 穿 chuān 針 zhēn。

雀 què 是 shì 家 jiā 禽 qín。屈 qū 子 zǐ 沉 chén 江 jiāng，處 chù 處 chù 舟 zhōu 中 zhōng 爭 zhēng 系 xì

旱 hàn 傅 fù 爲 wéi 霖 lín。渠 qú 說 shuō 子 zǐ 規 guī 爲 wéi 帝 dì 魄 pò，濃 nóng 知 zhī 孔 kǒng

疑 yí 金 jīn，往 wǎng 古 gǔ 對 duì 來 lái 今 jīn。天 tiān 寒 hán 鄒 zōu 吹 chuī 律 lǜ，歲 suì

醺酣。白草滿郊，秋日牧征人之馬；緑桑盈畝，春時供農婦之蠶。

將對欲，可對堪，德被對恩覃。權衡對尺度，雪寺對雲庵。安邑棗，洞庭柑，不愧對無慚。魏徵能直諫，王衍善清談。紫梨摘去從山北，丹荔傳來自海南。攘鷄非君子所爲，但當月一；養狙是山公之智，止用朝三。

中對外，北對南，貝母對宜男。移

山對浚井，諫苦對言甘。千取百，二
爲三，魏尚對周堪。海門翻夕浪，山
市擁晴嵐。新締直投公子紵，舊交猶
脫館人驂。文達淹通，已咏冰兮寒過
水；永和博雅，可知青者勝于藍。

十四鹽 yán

悲對樂，愛對嫌，玉兔對銀蟾。醉
侯對詩史，眼底對眉尖。風習習，雨
纖纖，曼妙對莊嚴。畫堂施錦帳，酒

市舞青簾。橫槊賦詩傳孟德，引壺酌酒尚陶潛。兩曜迭明，日東生而月西出；五行式序，水下潤而火上炎。

如對似，減對添，繡幕對朱簾。探珠對獻玉，鷺立對魚潛。玉屑飯，水晶鹽，手劍對腰鐮。燕巢依邃閣，蛛網挂虛檐。奪槊至三唐敬德，弈棋第一晉王恬。南浦客歸，湛湛春波千頃净；西樓人悄，彎彎夜月一鈎纖。

逢對遇，仰對瞻，市井對閭閻。投

簪對結綬，握髮對掀髯。張繡幕，卷

珠簾，石碏對江淹。宵徵方蕭蕭，夜

飲已厭厭。心褊小人長戚戚，禮多君

子屢謙謙。美刺殊文，備三百五篇詩

咏；吉凶异畫，變六十四卦爻占。

十五鹹

清對濁，苦對鹹，一啟對三緘。煙

蓑對雨笠，月榜對風帆。鶯睍睆，燕呢

嘯，杞柳對松杉。情深悲素扇，淚痛濕青衫。漢室既能分四姓，周朝何用叛三監。破的而探牛心，豪矜王濟；豎竿以挂犢鼻，貧笑阮咸。

能對否，聖對賢，衛瓘對渾瑊。雀羅對魚網，翠巘對蒼崖。紅羅帳，白布衫，筆格對書函。蕊香蜂競采，泥軟燕爭銜。兇孽誓清聞祖逖，王家能乂有巫咸。溪叟新居，漁舍清幽臨水

岸 àn；山 shān 僧 sēng 久 jiǔ 隱 yǐn，梵 fàn 宮 gōng 寂 jì 寞 mò 倚 yǐ 雲 yún 巖 yán。

冠 guān 對 duì 帶 dài，帽 mào 對 duì 衫 shān，議 yì 鯁 gěng 對 duì 言 yán 讒 chán。行 xíng

舟 zhōu 對 duì 御 yù 馬 mǎ，俗 sú 弊 bì 對 duì 民 mín 惡 yán。鼠 shǔ 且 qiě 碩 shuò，兔 tù 多 duō

鼍 chán，史 shǐ 冊 cè 對 duì 書 shū 緘 jiān。塞 sāi 城 chéng 聞 wén 奏 zòu 角 jiǎo，江 jiāng 浦 pǔ

認 rèn 歸 guī 帆 fān。河 hé 水 shuǐ 一 yì 源 yuán，形 xíng 瀰 mí 瀰 mí，泰 tài 山 shān 萬 wàn 仞 rèn

勢 shì 巖 yán 巖 yán。鄭 zhèng 爲 wèi 武 wǔ 公 gōng，賦 fù 緇 zī 衣 yī 而 ér 美 měi 德 dé；周 zhōu

因 yīn 巷 xiàng 伯 bó，歌 gē 貝 bèi 錦 jǐn 以 yǐ 傷 shāng 讒 chán。